Henry IV fait son entrée triomphante dans Paris, et reçoit les clefs de la Ville.

ALPHABET

HISTORIQUE,

ou

Vies abrégées de quelques Héros et grands Hommes, tant anciens que modernes.

Orné de 26 Gravures.

Sully vend son argenterie et paye les dettes de l'État.

PARIS

Locard et Davi, Libraires, et Imprimeurs en Taille douce, rue de Seine S.G.
N.º 54, et Palais Royal, galerie de bois, côté du Jardin, N.º 246 et 247,
attenant au Cabinet Littéraire.

Chez

Darne, Libraire, Quai des Orfèvres, N.º 18.

1817.

ALPHABET HISTORIQUE

DES GRANDS HOMMES,

CONTENANT:

1°. De grosses lettres, et les ba, be, bi, bo, bu;

2°. Les mots d'une, deux, trois, quatre, cinq, et six syllabes, le tout bien divisé;

3°. De petites phrases instructives, divisées pour faciliter les enfants à épeler, le tout en très-gros caractères;

4° Le Précis historique de la Vie de quelques Grands Hommes anciens et modernes, orné de leurs portraits caractéristiques, correspondant aux vingt-cinq lettres de l'alphabet.

DE L'IMPRIMERIE DE C.-F. PATRIS.

A PARIS,

Chez LOCARD et DAVI, Libraires, rue de Seine, faubourg Saint-Germain, n°. 54, et au Palais Royal, galerie de bois, n° 246, attenant au Cabinet littéraire

1818.

A	B
C	D
E	F

a	b
c	d
e	f

G	H
IJ	K
L	M

g	h
i j	k
l	m

N	O
P	Q
R	S

n	o
p	q
r	s

T	U
V	X
Y	Z

t	u
v	x
y	z

A B C D

E F G H

I J K L

M N O P

Q R S T

U V X Y Z.

a b c d

e f g h

i j k l

m n o p

q r s t

u v x y z.

A   B   C   D

E   F   G   H

I   J   K   L

M   N   O   P

Q   R   S   T

U   V   X   Y   Z.

---

a   b   c   d   e

f   g   h   i   j

k   l   m   n   o

p   q   r   s   t

u   v   x   y   z.

Les lettres doubles.

æ œ fi ffi

fi ffi fl ffl

ff fb fl ff

ft W.

PONCTUATION.

Apostrophe (') l'orage
Trait d'union (-) porte-feuille
Guillemet («)
Parenthèses ( )
Virgule (,)
Point et virgule (;)
Deux points (:)
Point (.)
Point d'interrogation (?)
Point d'exclamation (!)

Voyelles.

a e i ou y o u

Syllabes.

ba be bi bo bu

ca ce ci co cu

da de di do du

fa fe fi fo fu

ga ge gi go gu

ha he hi ho hu

ja je ji jo ju

ka ke ki ko ku

la   le   li   lo   lu

ma   me   mi   mo   mu

na   ne   ni   no   nu

pa   pe   pi   po   pu

qua   que   qui   quo   qu

ra   re   ri   ro   ru

sa   se   si   so   su

ta   te   ti   to   tu

va   ve   vi   vo   vu

xa   xé   xi   xo   xu

za   ze   zi   zo   zu

ab	eb	ib	ob	ub
ac	ec	ic	oc	uc
ad	ed	id	od	ud
af	ef	if	of	uf
ag	eg	ig	og	ug
ah	eh	ih	oh	uh
ak	ek	ik	ok	uk
al	el	il	ol	ul
am	em	im	om	um
an	en	in	on	un
ap	ep	ip	op	up
aq	eq	iq	oq	uq
ar	er	ir	or	ur
as	es	is	os	us

at	et	it	ot	ut
av	ev	iv	ov	uv
ax	ex	ix	ox	ux
az	ez	iz	oz	uz

---

bla	ble	bli	blo	blu
bra	bre	bri	bro	bru
cha	che	chi	cho	chu
cla	cle	cli	clo	clu
cra	cre	cri	cro	cru
dra	dre	dri	dro	dru
gla	gle	gli	glo	glu
gna	gne	gni	gno	gnu
gra	gre	gri	gro	gru
pha	phe	phi	pho	phu

*

pla   ple   pli   plo   plu

pra   pre   pri   pro   pru

tla   tle   tli   tlo   tlu

tra   tre   tri   tro   tru

Lettres accentuées.

é   (aigu)

à è ù   (graves)

â ê î ô û (circonflexes)

ë ï ü   (tréma)

ç   (cédille)

Pâ-té   Mè-re

Le-çon   Mê-me

Maî-tre A-pô-tre

Hé-ro-ï-ne.

Mots qui n'ont qu'un son,
ou *qu'une syllabe.*

Pain	Vin
Chat	Rat
Four	Blé
Mort	Corps
Trop	Moins
Art	Eau
Marc	Veau
Champ	Pré
Vent.	Dent
Vert	Rond.

Mots à deux sons , ou deux syllabes à épeler.

Pa-pa	Cou-teau
Ma-man	Cor-don
Bal-lon	Cor-beau
Bal-le	Cha-meau
Bou-le	Tau-reau
Chai-se	Moi-neau
Poi-re	Ton-neau
Pom-me	Mou-ton
Cou-sin	Ver-tu
Gâ-teau	Vi-ce

Mots à trois sons, ou trois syl-
labes à épeler.

Or-phe-lin
Scor-pi-on
Ou-vra-ge
Com-pli-ment
Nou-veau-té
Cou-tu-me
Mou-ve-ment
His-toi-re
Li-ber-té
Li-ma-çon

A-pô-tre
Vo-lail-le
Ci-trouil-le
Mé-moi-re
Car-na-ge
Ins-tru-ment
Su-a-ve
Fram-boi-se
Gui-mau-ve
U-sa-ge

*Mots à quatre sons, ou quatre
syllabes à épeler.*

E-ga-le-ment
Phi-lo-so-phe
Pa-ti-en-ce
O-pi-ni-on
Con-clu-si-on
Zo-di-a-que
É-pi-lep-sie
Co-quil-la-ge
Di-a-lo-gue
Eu-cha-ris-tie.

*Mots à cinq sons, ou cinq syl-
labes à épeler.*

Na-tu-rel-le-ment
Cor-di-a-li-té
Ir-ré-sis-ti-ble
Cou-ra-geu-se-ment

In-con-vé-ni-ent
A-ca-ri-â-tre
In-do-ci-li-té
In-can-des-cen-ce
Ad-mi-ra-ble-ment
Cu-ri-o-si-té
I-ne-xo-ra-ble.

Mots à six sons, ou six syllabes
à épeler.

In-con-si-dé-ré-ment
Per-fec-ti-bi-li-té
O-ri-gi-na-li-té
Ma-li-ci-eu-se-ment
As-so-ci-a-ti-on
Va-lé-tu-di-nai-re.

Phrases à épeler.

J'ai-me mon pa-pa.

Je ché-ris ma ma-man.

Mon frè-re est un bon gar-çon.

Ma sœur est bi-en ai-ma-ble.

Mon cou-sin m'a don-né un pe-tit se-rin.

Ma cou-si-ne m'a pro-mis un gâ-teau.

Grand pa-pa doit ap-por-ter un jeu-ne chi-en.

Gran-de ma-man me don-ne-ra pour é-tren-nes un che-val de car-ton.

5

J'i-rai de-main me pro-
me-ner sur les bou-le-varts
a-vec mes ca-ma-ra-des.

Thé-o-do-re a un beau
cerf vo-lant a-vec le-quel
je m'a-mu-se-rai bien.

La mai-son de ma tan-te
à Vau-gi-rard est très-jo-
lie. Il y a dans la cour un
grand jeu de quil-les.

Mon on-cle Tho-mas a
a-che-té un pe-tit é-cu-
reuil, que je vou-drais bi-en
a-voir pour me di-ver-tir.

Di-man-che je n'i-rai pas
à l'é-co-le ; mon cou-sin
Au-gus-te vi-en-dra me

cher-cher pour al-ler à la pro-me-na-de.

Phrases à épeler.

Il n'y a qu'-un seul Di-eu qui gou-ver-ne le ci-el et la ter-re.

Ce Di-eu ré-com-pen-se les bons et pu-nit les mé-chants.

Les en-fants qui ne sont pas o-bé-is-sants , ne sont pas ai-més de Di-eu, ni de leurs pa-pas et ma-mans.

Il faut fai-re l'au-mô-ne aux pau-vres ; car on doit a-voir pi-ti-é de son sem-bla-ble.

Un en-fant ba-bil-lard et rap-por-teur , est tou-jours re-bu-té par tous ses ca-ma-ra-des.

On ai-me les en-fants do-ci-les ; on leur don-ne des bon-bons.

Phrases à épeler.

Un en-fant doit ê-tre po-li.

Un en-fant bou-deur est ha-ï de tout le mon-de.

Un en-fant qui est hon-nê-te et qui a bon cœur, est ché-ri de tous ceux qui le con-nais-sent.

Le li-on est le roi des a-
ni-maux.

L'ai-gle est le roi des oi-
seaux.

Le lys est le roi des
fleurs ; la ro-se en est la
rei-ne.

L'or est le pre-mier des
mé-taux; il est le plus dur
et le plus ra-re.

La ba-lei-ne est le plus
gros des pois-sons de la
mer.

Le bro-chet est un pois-
son vo-ra-ce , qui dé-truit
les au-tres pois-sons des ri-
vi-è-res et des é-tangs.

L'hom-me a cinq sens ,
ou cinq ma-ni-è-res d'a-
per-ce-voir ou de sen-tir ce
qui l'en-vi-ron-ne.

Il voit a-vec les yeux.

Il en-tend par les o-
reil-les.

Il goû-te a-vec la lan-gue.

Il flai-re ou res-pi-re les
o-deurs a-vec le nez.

Il tou-che a-vec tout le
corps, et prin-ci-pa-le-ment
a-vec les mains.

Phrases à épeler.

Les qua-tre é-lé-ments
qui com-po-sent no-tre

glo-be, sont : l'air, la ter-re,
l'eau et le feu.

Sans air, l'hom-me ne
peut res-pi-rer.

Sans la ter-re, l'hom-me
ne peut man-ger.

Sans eau, l'hom-me ne
peut boi-re.

Sans feu, l'hom-me ne
peut se chauf-fer.

La ré-u-ni-on de ces qua-
tre é-lé-ments est donc né-
ces-saire à l'hom-me pour
vi-vre.

C'est l'air a-gi-té qui pro-
duit les vents, qui cau-se
les o-ra-ges, les tem-pê-tes,

et qui est la sour-ce de mil-le
phé-no-mè-nes qui ar-ri-
vent jour-nel-le-ment dans
l'at-mos-phè-re.

C'est la ter-re qui pro-
duit tou-tes les subs-tan-ces
vé-gé-ta-les dont l'hom-me
se nour-rit, ain-si que les
a-ni-maux qui la cou-vrent;
c'est au fond de la ter-re
qu'on trou-ve le mar-bre,
l'or, l'ar-gent, le fer et tous
au-tres mé-taux.

C'est dans l'eau, c'est-à-
di-re dans la mer, les fleu-
ves, les ri-vi-è-res et les
ruis-seaux qu'on pê-che

cet-te quan-ti-té pro-di-gi-eu-se de pois-sons de tou-tes gran-deurs et de tou-tes gros-seurs, qui servent d'a-li-ments à l'hom-me.

C'est le feu qui é-chauf-fe la ter-re, et qui a-ni-me et qui vi-vi-fie tou-te la na-tu-re. C'est le feu qui nous é-clai-re dans les té-nè-bres.

Les fleurs sont la pa-ru-re de la ter-re, et l'or-ne-ment de nos de-meu-res qu'el-les par-fu-ment de leurs o-deurs a-gré-a-bles.

Les prin-ci-pa-les fleurs

qui em - bel - lis - sent nos jar-
dins et par - fu - ment l'air,
sont l'œil - let , la re - non-
cu-le , la jon-quil-le , la vi-o-
let-te, le mu-guet, la tu-bé-
reu-se, la gi-ro-flée, la pen-
sée , l'i - ris , l'hé-li-o-tro-pe ,
la mar-gue-ri-te, le jas-min,
le li-las, l'a-né-mo-ne, l'hor-
ten-si-a, la tu-li-pe, etc. etc.

———

Les ar-bres font l'or-ne-
ment de la ter-re.

Les prin-ci-paux ar-bres
qui por-tent des fruits pro-
pres à la nour-ri-tu-re de
l'hom-me, sont le pom-mier,
le poi-ri-er, le pê-cher, l'a-

bri-co-tier, le pru-nier, le
ce-ri-sier, le gro-seil-ler, le
né-flier, le co-gnas-sier,
l'o-ran-ger, le ci-tron-nier,
le no-yer, etc. etc.

Les ar-bres qui ne por-
tent point de fruits pro-pres
à la nour-ri-tu-re de l'hom-
me, ser-vent à d'au-tres u-sa-
ges, et sont em-plo-yés,
soit en bû-ches, soit en plan-
ches, soit d'au-tre ma-ni-è-re
pour les be-soins ou les a-
gré-ments de la so-ci-é-té.

Les prin-ci-paux de ces
ar-bres sont le chê-ne, l'or-
me, le peu-plier, l'é-ra-ble,
le sa-pin, le pin, le bou-is,
le sau-le, l'a-ca-ci-a, etc.

Les plan-tes que le ci-el
a se-mé-es sur la sur-fa-ce
de la ter-re, se di-vi-sent
en plan-tes po-ta-gè-res et
en plan-tes mé-di-ci-na-les.

Les prin-ci-pa-les plan-tes
po-ta-gè-res, sont : la ca-
rot-te, le na-vet, le chou,
le pa-nais, les ra-ves, le
po-ti-ron, la lai-tue, le per-
sil, la ci-bou-le, le cer-feuil,
les sal-si-fis, le sel-le-ry, le
poi-reau, les é-pi-nards,
l'o-seil-le, etc.

Les prin-ci-pa-les plan-tes
mé-di-ci-na-les sont: la bour-
ra-che, le chi-en-dent, la
gui-mau-ve, la co-ri-an-dre,
la fu-me-ter-re, etc. etc.

Alexandre le grand, fils de Philippe, roi de Macédoine, né à Pella. 365 ans avant J.C., commença ses conquêtes à l'âge de vingt ans, par la Thrace et l'Illyrie, entreprit ensuite la conquête de la Perse un des plus vastes empires de l'univers, avec trente mille hommes d'infanterie et 5000 chevaux; vainquit Darius, monarque de cet empire; marcha du côté de l'Egypte, où il bâtit la ville d'Alexandrie, après avoir conquis une infinité d'autres pays. Il mourut à Babylone d'un excès de vin et de débau-

che, à l'âge de trente deux ans.
Ce prince eut de grandes vertus et de grands vices ; il aima
es lettres par goût ; il était rem-
pli de modération, et quelquefois clément : mais ses vices
ternirent de si belles qualités.
Adonné au vin et aux femmes,
rien ne lui coûtait pour assouvir
ces deux passions. Il dévasta
une partie du monde pour
courir à la gloire, et les mal-
heurs des peuples furent les
fruits de ses conquêtes.

B. *Bélisaire.*

Bélisaire, général des armées de l'empereur Justinien,

servit ce prince avec autant
de talens que de zèle et de fi-
délité. Il défit successivement
les Perses et les Vandales, les
Goths et les Huns. Les grands,
jaloux de sa gloire, l'accusè-
rent en 564, auprès de Justinien, d'avoir voulu s'emparer
du trône. Ce prince ombra-
geux, après lui avoir fait crever
les yeux, lui ôta ses emplois
et ses dignités, et ce grand
homme fut réduit à mendier
son pain dans les rues de Constantinople. On prétend aussi
qu'il fut enfermé dans une
prison, sur les bords de la mer,
d'où il pendait un petit sac,
attaché au bout d'une corde,
comme font les prisonniers

pour demander l'aumône aux passans, en leur criant : *donnez une obole au pauvre Bélisaire , à qui l'envie, plutôt que le crime, a crevé les yeux.* Il mourut en 585.

C. *César.*

Caïus Julius César , né à Rome 98 ans avant J.C., quoique simple citoyen d'une république , forma de bonne heure le projet d'assujettir sa patrie, et en vint à bout par le double talent de l'éloquence et des armes. Après avoir passé par les premières charges de la république , s'être couvert de gloire dans plusieurs campagnes, il obtint les honneurs du triomphe. Cherchant ensuite à détruire ses rivaux, après avoir vaincu Pompée, l'un des plus redoutables, à la bataille de Pharsale, il se fit nommer dictateur. Il voulut s'emparer du pouvoir souverain, mais il fut assassiné dans un palais de Pompée, où le sénat était assemblé, par Brutus et d'autres conjurés l'an 44 avant J. C. Cet homme extraordinaire avait tant de grandes qualités, quoiqu'il eut des vices, qu'il semblait né pour gouverner les autres Une figure noble et gracieuse, un esprit brillant et solide, une éloquence entraînante, une hardiesse et une activité étonnante et un talent supérieur pour faire réussir les projets les plus vastes, avec une grande clémence ; tels étaient les avantages qu'il avait reçus du ciel.

D. *Démosthène.*

Célèbre orateur d'Athènes, né dans cette ville 381 ans avant J.C., plaida à 17 ans avec succès contre ses tuteurs qui l'avaient dépouillé. Après des épreuves qui annonçaient de la patience et de l'énergie, il s'immisce dans les affaires publiques, se déclare avec véhémence contre Philippe, roi de Macédoine, et ensuite contre Alexandre son fils. Ses jours n'étant plus en sûreté à Athènes, il se retire à Calaurie et se réfugie dans le temple de Neptune, où il termine ses jours par le poison, l'an 332 avant J. C. Démosthène passe pour le prince des orateurs.

E. *Epaminondas.*

Epaminondas, général Thébain, ne dut son élévation qu'à ses qualités personnelles. Elu général dans la guerre contre les Lacédémoniens, il gagna la célèbre bataille de Leuctres en Béotie, soumit la plupart des villes du Péloponèse, qu'il traita plutôt en alliées qu'en ennemies. Il porta ensuite ses armes en Thessalie et y fut toujours vainqueur. Dans la guerre entre les Eléens et ceux de Mantinée, il vola avec les Thébains au secours des premiers, et périt après avoir gagné la victoire dans la plaine de Mantinée. Ce grand homme, sévère à lui-même, également insensible au plaisir et à la douleur, fût étranger en quelque sorte aux passions. Grand capitaine et homme de bien, il réunit en lui seul les vertus et les qualités du guerrier et du philosophe. Il mourut âgé de 48 ans, 363 ans avant J.C.

F. *Fénélon.*

François de Salignac Delamotte Fénélon, né en 1651, entra à 24 ans dans les ordres. Louis XIV lui confia l'éducation de ses petits-fils, les ducs de Bourgogne, d'Anjou et de Berri. Il fut nommé en 1665 à l'archevêché de Cambrai ; mais bientôt disgracié par la cour, il se retira à Cambrai, où il composa son immortel ouvrage, les Aventures de Télémaque, et d'autres écrits de philosophie, de théologie et de belles-lettres.

Ce prélat dont la vie ne fut qu'une longue suite de travaux

utiles et d'actions vertueuses,
réunissait aux qualités du génie
et de l'esprit, celles encore plus
éminentes du cœur ; et l'on ne
peut prononcer son nom, sans
rappeler le souvenir de celui
qui honora l'humanité par ses
vertus et ses talens. Fénélon
mourut en 1715, regretté de
ses contemporains, et admiré
des étrangers qui le regar-
daient comme le modèle par-
fait du chrétien et le héros de
la véritable philosophie.

G. *Guai-Trouin (Du)*

René du Guai-Trouin, l'un
des plus grands hommes de
mer de son siècle, né à Saint-

Malo en 1673 , commença
ses campagnes maritimes en
1689, où il s'illustra par des
actions héroïques. Fait prisonnier par les Anglais , dont
il était un des ennemis les
plus acharnés, il parvint à s'é-
chapper de sa prison. Il entra
alors dans la marine royale ,
où il continua de faire briller
son courage et ses talens. De
toutes ses expéditions, la plus
éclatante et la plus connue fut
la prise en onze jours de Rio-
Janeiro , une des plus riches
colonies du Brésil, où la perte
des Portugais fut de 25 mil-
lions. Louis XIV le fit successivement chef d'escadre , lieu-
tenant général des armées nava-

les et commandeur de l'ordre royal et militaire de Saint-Louis, avec une pension de trois mille francs.

Cet illustre marin mourut à Paris en 1736. Il avait l'esprit vif et juste, voyait bien et voyait de loin. Le succès couronna toutes ses entreprises, toujours combinées avec sagesse et prudence.

H. *Henri IV, dit le grand.*

Henri IV naquit à Pau, le 13 décembre 1553, d'Antoine de Bourbon, duc de Vendôme, et de Jeanne d'Albret, fille de Henri, roi de Navarre.

Ses droits à la couronne,

étant évidens, ceux qui voulurent les lui contester, ne prirent d'autre prétexte que celui de la religion. Il se forma une ligue contre lui, à la tête de laquelle se mirent le duc de Mayenne, le roi d'Espagne et le pape.

Malgré les efforts de cette ligue, Henri se mit à la tête du peu de sujets fidèles qui lui restaient, et après plusieurs victoires remportées sur elle, il vint assiéger Paris; et quelque temps après, cette ville se rendit.

Ce monarque dont le peuple garde la mémoire, malgré ses talens militaires et les vertus qui caractérisent le meilleur des rois, fut assassiné par Ravaillac, le 14 mai 1610.

Un grand courage dans les entreprises difficiles, beaucoup de bonté pour son peuple et de clémence pour les coupables, une extrême franchise, et une simplicité de mœurs charmante, furent les qualités de ce prince dont la France bénit la mémoire.

I. *Iphicrate.*

Iphicrate, fils d'un cordonnier d'Athènes, de simple soldat, parvint au commandement général des armées. Il battit les Thraces, rétablit Seuthès allié des Athéniens, et remporta de grands avantages sur les Spartiates. Il se rendit principalement recommandable par son zèle pour la discipline militaire, et mourut l'an 380, avant J. C. Un homme qui lui avait intenté un procès, lui reprochant la bassesse de sa naissance, et faisant extrêmement valoir la noblesse de la sienne: je serai le premier de ma race, lui répondit ce grand homme, et toi le dernier de la tienne.

J. *Julien, dit l'apostat.*

Ce célèbre empereur des Romains, né à Constantinople en 331, eut en 355 le commandement général des troupes

de son père dans les Gaules,
où il se signala par sa prudence
et son courage. Elevé à l'empire, il s'appliqua à remédier
au luxe, à la mollesse, et à une
foule de maux qui le déso-
laient. Ayant embrassé le pa-
ganisme, il se déclara l'ennemi
des chrétiens. Quoiqu'il en
soit, il fut philosophe dans son
gouvernement et sa conduite,
et ne cessa d'agir, de penser et
combattre en sage et en héros.
Il périt en juin 363, dans un
combat qu'il avait livré aux
lieutenans de Sapor, roi de
Perse.

K. *Keppler.*

Jean Keppler, né à Weil, en 1571, professa la philosophie dès l'âge de 20 ans ; il s'appliqua ensuite à la théologie, qu'il abandonna bientôt pour se livrer à l'étude de l'astronomie, pour laquelle il avait un goût décidé ; il devint mathématicien des empereurs Rodolphe II, Mathias et Ferdinand II, et mourut à Rostock en 1630. Ce savant fut le premier maître de Descartes en optique, et le précurseur de Newton en physique ; il devina par la seule force de son génie, les lois mathématiques des as-

tres. Il disait quelquefois à
l'occasion des belles décou-
vertes qu'il avait faites, qu'il
préferait sa gloire à l'électorat
de Saxe.

_____

L.

*Louis XII, roi de France,
surnommé le père du peuple.*

Louis XII, fils de Charles,
duc d'Orléans, et de Marie
de Clèves, monta sur le trône
à l'âge de 36 ans. A son avé-
nement, il remit à son peuple
le présent du couronnement,
diminua les impôts de moitié
et ne les recréa jamais ; c'est
ce qui lui mérita le titre glo-
rieux de *père du peuple.*

Ce prince fit la guerre en Italie et gagna les batailles d'Aignadel et de Ravennes, et mourut à Paris le 1.er janvier 1515, à l'âge de 55 ans. Il avait l'humeur gaie et facile ; il aimait à entendre dire la vérité , et savait en profiter. Doué d'un esprit agréable et solide , il se plaisait fort à la lecture des bons livres. Plein de clémence il pardonnait facilement à ses, ennemis ; étant monté sur le trône, il dit aux personnes qui lui conseillaient de se venger du duc de la Trémouille qui l'avait fait prisonnier à la bataille de Saint-Aubin, « que le » roi de France n'épousait pas

» les querelles du duc d'Or-
» léans.

M. *Marléborough.*

Le duc de Marleborough,
né dans le Devonshire en Angleterre en 1650, commença
à porter les armes en France
sous Turenne. Il servit ensuite
sous Guillaume d'Orange, qui
venait de détrôner son beau-
père Jacques II. Ses talens militaires éclatèrent surtout dans
les guerres de 1701, 1703 et
1704 contre la France, qui
perdit ensuite les batailles
d'Hochstet, de Ramillies en
1706, et de Malplaquet en

1709. Ayant désapprouvé la paix conclue avec la France, il perdit tous ses emplois, fut disgracié et se retira à Anvers; mais à l'avènement du roi Georges, en 1714, il fut rappelé et rétabli dans toutes ses charges. Il mourut à Windsor-lodg, en 1722. Marleborough était aussi grand guerrier qu'habile négociateur, excellent politique et capitaine expérimenté.

N. *Numa Pompilius.*

Numa fut élu par le sénat romain, pour succéder à Romulus, l'an 714 avant J. C. C'était un homme d'environ

4o ans, plein de probité et d'honneur; quoiqu'il n'eut pas les qualités guerrières de son prédécesseur, il fut un grand roi par ses seules vertus politiques. Il inspira aux Romains naturellement féroces et indociles, l'amour pour les lois et le respect pour les dieux. Il mourut l'an 672 avant J. C. après un règne de 42 ans, emportant avec lui les regrets, non-seulement de ses sujets, mais encore des peuples voisins.

O. *Olivier.*

François Olivier, président au parlement de Paris, où il était né, fut un magistrat habile, éloquent, judicieux, sincère, bon ami, d'un courage inflexible, et d'une force d'esprit qui ne se relâcha jamais de ce qu'il devait à son roi et à la patrie. François premier lui donna en 1545 la place de chancelier de France ; sous Henri II, on lui ôta les scaeux: mais il fut rappelé à la cour sous François II.

La carrière de ce magistrat fut consacrée entièrement au bien public et à la justice ; mais ce qui lui avait attiré la haine des courtisans, c'était son opiniâtreté à rejeter tous les projets de finance trop onéreux au peuple.

Ce digne chancelier mou-
rut en 1560.

P. *Phocion.*

Phocion, Athénien, disci-
ple de Platon et de Xénocrate,
brilla dans ces deux écoles par
sa vertu et son esprit. Il fut un
de ceux qui s'opposèrent le
plus à l'orateur Démosthène.
Il était aussi zélé que lui pour
le bien de la patrie, mais il avait
plus de philosophie et de prudence. Il réunissait tout à la fois
la science politique et la valeur
guerrière. Il fut chargé du gouvernement 45 fois sans l'avoir
brigué. Malgré ses nombreux
services, ses talens et ses ver-

tus, il fut accusé de trahison, déposé du généralat, et condamné à boire la ciguë, l'an 318 ou 319 avant J. C Bientôt après, Athènes ouvrit les yeux sur le mérite du citoyen qu'elle avait fait mourir, et lui éleva des statues.

Q. *Quesne. (Du)*

Abraham marquis du Quesne, né en Normandie en 1610, apprit le métier de la guerre sur mer, sous son père. Dès l'âge de 17 ans, il servit avec un talent distingué. Ce ne furent depuis que des actions hardies, ou des victoires dont

3.

les plus éclatantes furent les
guerres de Sicile, où il eut à
combattre le grand Ruyter, et
où il vainquit, dans trois batailles les flottes réunies de
Hollande et d'Espagne. L'A-
sie et l'Afrique furent ensuite
témoins de sa valeur. Il bom-
barda Alger et Gênes, et mourut à Paris en 1688, avec le
titre de général des armées
navales de France. Une des
principales qualités de cet illustre marin, fut la modestie.
Il fit de grandes choses sans
aste, et sut servir sa patrie,
sans en ambitionner les honneurs et les dignités.

R. *Ruyter.*

Michel-Adrien Ruyter, Amiral hollandais, né à Flessingue en 1607, après avoir été matelot, contre-maître et pilote, devint capitaine de vaisseau. Après plusieurs exploits maritimes, et huit voyages dans les Indes occidentales, et deux dans le Brésil, il fut élevé, en 1641, à la place de contre-amiral. Le Portugal, la Barbarie, l'Angleterre contre lesquels il se signala par les plus grands succès, attestèrent son génie et ses talens militaires. Les flottes françaises et anglaises battues en

1672, par ce célèbre marin,
lui méritèrent les places de
vice-amiral et de lieutenant-
général des états généraux de
Hollande.

Ce célèbre marin termina
sa carrière devant la ville d'A-
gouste en Sicile, en 1676, dans
un combat qu'il livra aux Fran-
çais, et où il reçut une blessure
mortelle.

S. *Sully.*

Maximilien de Béthune,
baron de Rosny, duc de Sully,
maréchal de France et princi-
pal ministre de Henri IV,
compagnon d'armes et ami de

ce prince, né à Rosny en 1559, mourut en 1641.

On peut dire que ce fut à Henri IV, et à ce ministre que la France fut redevable de l'état florissant où elle s'éleva depuis.

Sully, tout à la fois homme de guerre, financier profond, politique, homme de lettres, et surtout homme de bien, ne travailla que pour la gloire et le bonheur de son roi et de sa patrie.

Ses exploits militaires, ses opérations de finance pour le soulagement des peuples, son amour pour l'ordre et la prospérité de l'état, son attachement inviolable aux principes, le font regarder comme un des plus sages ministres qu'ait eu la France.

T. *Turenne.*

Henri de la Tour, vicomte de Turenne, maréchal général des camps et armées du roi, etc, de l'illustre maison de Bouillon, né à Sedan en 1611, fit ses premières armes sous le prince Maurice de Nassau. Depuis 1634, jusqu'au 24 juillet 1675, où il fut tué d'un coup de canon au village de Saltzbach, sa carrière ne fut, à quelques batailles près qu'il perdit, qu'une longue suite de victoires et de triomphes. Il passa avec raison pour le plus grand capitaine de l'Europe. Aux talens militaires il joignait les vertus du citoyen. Il était homme de bien, sage et modéré, et son nom ne se prononce qu'avec vénération en France et chez l'étranger.

U. *Uxelles*.

Nicolas Chalon du Blé, Marquis d'Uxelles, se consacra aux armes. Plusieurs belles actions le distinguèrent ; et il se signala surtout dans Mayence, dont il soutint le siége pendant cinquante-six jours. Propre à négocier comme à combattre, il fit respecter la France

aux yeux des étrangers. Il mourut célibataire en 1730. Il avait
obtenu le bâton de maréchal
en 1703, et avait été en 1718,
du conseil de régence. C'était
un homme froid, taciturne;
mais plein de sens. Son esprit
était plus sage qu'élevé et hardi.

V. *Vincent de Paule.*

Vincent, né à Poix, en
1576, de parens obscurs, fut
élevé au sacerdoce en 1600.
Après avoir été esclave à Tu-
nis, il revint à Aigues-Mortes
en 1607, et fut fait aumônier de
la reine Marguerite de Valois,
et fonda la congrégation des
missionnaires pour la campa-

gne. Sa vie ne fut qu'un tissu de bonnes œuvres ; missions dans toutes les parties du royaume, aussi bien qu'en Italie, en Ecosse, en Barbarie, à Madagascar, etc; établissement pour les enfans trouvés, fondation des filles de la charité pour le service des pauvres malades : les hôpitaux de Bicêtre, de la Salpêtrière, de la Pitié ; ceux de Marseille pour les forçats, etc., lui doivent la plus grande partie de ce qu'ils sont.

Cet ecclésiastique estimable, après une longue vie consacrée entièrement au soulagement de l'humanité souffrante, et à la pratique de toutes les vertus, mourut en 1660, et fut canonisé en 1737.

X. *Xénocrate.*

Xénocrate, philosophe de l'antiquité, né à Chalcédoine, fut le disciple et l'ami de Platon. Ses mœurs étaient pures et austères. Son désintéressement parut avec éclat dans le refus qu'il fit des grands présens qu'Alexandre le grand lui avait envoyés. Il mourut à 82 ans, 314 avant J. C. Ce philosophe avait pour maxime : « que l'on se repent » souvent d'avoir parlé, et ja- » mais de s'être tû.

Y.   *Yao.*

Yao, empereur de la Chine, monta sur le trône, l'an 2357 avant J. C. Les Chinois le regardent comme leur législateur et le modèle des princes et des hommes. C'est à Yao que l'histoire de la Chine commence à acquérir quelque certitude.

Z.   *Zénon.*

Zénon, fondateur de la secte des Stoïciens, naquit dans l'île de Chypre. Après avoir étudié sous les plus grands philosophes de son temps, il ouvrit à Athènes une école, qui fut très-suivie. Ses maximes favorites étaient :

« Qu'avec la vertu on pou-
» vait être heureux au milieu
» même des tourmens les plus
» affreux, et malgré les dis-
» grâces de la fortune.

« Qu'une partie de la science
» consiste à ignorer les choses
» qui ne doivent pas être sues.

« Que la nature nous a
» donné deux oreilles et une
» seule bouche, pour nous ap-
» prendre qu'il faut plus écou-
» ter que parler.

Zénon mourut 264 ans
avant J. C, âgé de 98 ans.

FIN.